UN

HISTORIEN NORMAND

GABRIEL DU MOULIN

CURÉ DE MENNEVAL

PAR

M. L'ABBÉ PORÉE

CURÉ DE BOURNAINVILLE
INSPECTEUR DE LA SOCIÉTÉ FRANÇAISE D'ARCHÉOLOGIE

CAEN

TYP. F. LE BLANC-HARDEL, LIBRAIRE

RUE FROIDE, 2 ET 4

1884

à Monsieur L. Delisle, membre de l'Institut
hommage de l'auteur
Toc..

UN HISTORIEN NORMAND

UN

HISTORIEN NORMAND

GABRIEL DU MOULIN

CURÉ DE MENNEVAL

PAR

M. L'ABBÉ PORÉE

CURÉ DE BOURNAINVILLE
INSPECTEUR DE LA SOCIÉTÉ FRANÇAISE D'ARCHÉOLOGIE

CAEN

TYP. F. LE BLANC-HARDEL, LIBRAIRE

RUE FROIDE, 2 ET 4

1884

Extrait de l'Annuaire normand. — *Année 1884.*

UN HISTORIEN NORMAND

GABRIEL DU MOULIN

CURÉ DE MENNEVAL

A côté de l'histoire des institutions politiques et religieuses, dans un rang plus humble mais non moins honorable, se tient la biographie qui concentre ses recherches et ses appréciations sur des personnalités célèbres ou dignes de l'être : étude pleine d'attrait, mais difficile quand elle se propose de remettre en relief la physionomie d'un écrivain, d'un artiste dont le nom modeste a peu retenti dans le siècle où il a vécu. Il est de ces hommes qui ne méritent pas de demeurer ensevelis sous la poussière du temps. Gabriel Du Moulin est de ce nombre. La position obscure qu'il occupa toute sa vie ne permit pas que le bruit se fît autour de son nom. Pourtant, ce n'était pas un esprit vulgaire, et les ouvrages qu'il a laissés témoignent de la fécondité de son travail, de son goût littéraire, de son talent d'historien, et il est permis de s'étonner que l'on soit parvenu jusqu'à notre époque sans qu'un effort sérieux ait été tenté pour remettre en lumière la figure de Gabriel Du Moulin, le vieil historien normand.

Cependant, pour être juste, il faut attribuer cette quasi-indifférence au très petit nombre de renseignements biographiques qui nous restent sur notre compatriote. Cette pénurie de documents est à peu près toujours la même, et nous reconnaissons d'avance que ceux que nous apportons sont loin d'être complets et qu'ils ne satisferont pas de tout point la louable curiosité des amis de l'histoire normande. Il est donc nécessaire de justifier la tentative que nous faisons. Le motif que nous alléguons pourra, au besoin, nous servir d'excuse.

Il y a quelques mois, à la Bibliothèque Nationale, nous eûmes la bonne fortune de rencontrer un opuscule inédit de Gabriel Du Moulin. C'était un petit traité théologique intitulé : *La Curiosité sainte envers la Mère de Dieu*, l'une des rares épaves, la seule peut-être qui subsistât des nombreux manuscrits du laborieux curé. Il nous sembla que cette découverte valait la peine d'être signalée, et qu'elle serait accueillie avec quelque plaisir par les compatriotes de Du Moulin. C'est ce qui nous a décidé à rédiger une notice biographique sur cet écrivain dont le nom est beaucoup plus connu que la personne.

Gabriel Du Moulin est né à Bernay. Il nous le dit lui-même à la fin de ses *Conquestes des Norman-François* (1),

---

(1) Page 456.

et, en tête de ce même ouvrage, il a pris soin d'ajouter sa qualité de Bernayen à son titre de curé de Menneval.

Sa famille habitait la paroisse de Notre-Dame-de-la-Couture (1). Les registres de catholicité de cette église, conservés aux Archives municipales, ne remontent pas au-delà des premières années du XVIIe siècle ; il nous a donc été impossible de retrouver l'acte de baptême de Gabriel Du Moulin ; mais on rencontre en si grand nombre, dans ces mêmes registres, les membres d'une famille Du Moulin, qu'il nous semble impossible de ne pas admettre que ce soit celle de notre historien. On le voit, du reste, le 15 février 1642, parrain de l'un des enfants de Michel Du Moulin et d'Isabeau Corbelin, auquel il donna le nom d'Ange-Gabriel (2).

D'après un calcul approximatif, Gabriel Du Moulin a dû naître entre 1575 et 1580.

Comment se passèrent son enfance et sa jeunesse? Est-ce dans sa ville natale, chez les Bénédictins, qu'il fit ses humanités? Nous ne saurions le dire. Mais ce que l'on sait, c'est que le succès couronna ses travaux, puisqu'il put conquérir le grade élevé de maître ès arts. Il embrassa la carrière ecclésiastique.

Bien qu'il appartînt par son lieu d'origine au diocèse de Lisieux, Du Moulin fut ordonné prêtre par l'évêque

---

(1) On trouve dans le Registre de la Charité de Notre-Dame-de-la-Couture un Gabriel Du Moulin, clerc de la Charité en 1599. C'est sans doute un parent de notre Gabriel. (Archives de la fabrique de N.-D.-de-la-Couture de Bernay.)

(2) Registre des baptêmes, mariages et inhumations de la paroisse de N.-D.-de-la-Couture. (Archives municipales de Bernay.)

d'Évreux, Jacques Davy Du Perron, dans la chapelle du château de Condé-sur-Iton : « Condé, qui est le plus plai-
« sant séjour des évêques d'Évreux, et où j'ay receu les
« saintes ordres de la main du sieur cardinal du Per-
« ron (1). » L'ordination sacerdotale de Du Moulin doit se placer entre l'année 1598, date de l'arrivée de Du Perron à Évreux, et le mois d'août 1604, puisque Du Perron, nommé cardinal au mois de juin de cette année, partit pour Paris au mois d'août suivant et de là pour Rome, où il demeura jusqu'à sa promotion à l'archevêché de Sens (2).

Nous ignorons quelles furent les premières fonctions pastorales confiées au jeune prêtre. La première fois que nous rencontrons son nom, c'est à la date du 28 mai 1618, où on le voit figurer, à l'église de la Couture, comme témoin du mariage de Germain Beaumesnil et de Marie Aubery ; il est déjà qualifié du titre de « curé de Maneval », qu'il devait conserver jusqu'à la fin de sa vie (3).

(1) *Histoire générale de Normandie*, Disc. prélim., p. 13.
(2) On pourrait se demander pourquoi Du Moulin se fit ordonner par l'évêque d'Évreux. Il faut se rappeler qu'en 1590, Anne d'Escars de Givri, évêque de Lisieux, dut quitter son diocèse pour échapper aux vengeances du maréchal de Fervaques, gouverneur de Lisieux. D'Escars se démit de son évêché en 1598, en faveur de François Rouxel de Médavi ; ce dernier, redoutant encore les fureurs du vieux Fervaques, ne vint à Lisieux que le 17 décembre 1610. Cette ville fut donc vingt ans sans voir son évêque.
(3) Registre des baptêmes, mariages, etc., de N.-D.-de-la-Couture. (Archives municipales de Bernay.) On trouve dans le même registre, le 15 février 1615, un Gabriel du Moulin, témoin au mariage de Jac-

Au XIe siècle, Menneval fit partie de la dot de Judith de Bretagne, femme de Richard II, la fondatrice de l'antique abbaye de Bernay. La seigneurie de Menneval, qui avait successivement appartenu aux Varennes, aux Léon, aux Bréauté, fut vendue dans la seconde moitié du XVIe siècle par Adrien de Bréauté à Louis de Mainteternes (1), et c'est à un membre de cette famille, André de Mainteternes, « vicomte et seigneur de Maneval, de Mancelles, « Fourneville, la Coste, et le Heautre, » qu'il dédia, en 1658, ses *Conquestes des Norman-François*.

Dans l'ordre ecclésiastique, Menneval, du doyenné de Bernay, était un petit bénéfice valant 600 livres ; la paroisse se composait d'une soixantaine de feux (2), c'est-à-dire environ trois cents habitants. Le manoir presbytéral, détruit il y a quelques années, était une construction en pan de bois, assise à peu de distance de la rivière et donnant vue sur la riante vallée de la Charentonne. Au pied de la côte, adossée à de grands bois, s'élevait l'église Saint-Pierre, massive construction du XIIIe siècle.

---

ques Jouenne et de Anne Le Pelletier, et le 25 juillet 1616, un prêtre nommé Du Moulin, présidant à un mariage ; il est probable qu'il s'agit là de notre Gabriel, ainsi que dans cette mention d'un registre des comptes du trésor de Sainte-Croix de Bernay en l'année 1618, dans la partie des recettes ; « Receu de Mre Gabriel Dumoulin pour la vente d'un ciboire, 4 livres. » (Archives municipales de Bernay. Pièces de Sainte-Croix.)

(1) De Mainteternes blasonnait : d'argent au mortier de sable dans lequel est un pilon d'or, posé sur un feu ardent de gueules. (Voyez la *Recherche de la noblesse* de B. du Marle, en 1666.)

(2) De Masseville, *État géographique de la province de Normandie*, II, 522.

C'est dans ce milieu paisible qu'il faut se représenter le curé de Menneval, se livrant aux travaux de son saint ministère, visitant les pauvres, enseignant à ses ouailles, autant par ses exemples que par ses instructions, les vertus et les espérances du chrétien.

Que Du Moulin ait cultivé l'étude de la théologie et des Pères de l'Église, en un mot la science ecclésiastique ; qu'il ait été un prêtre pieux et docte, il est assez superflu de le dire ; et les honneurs et les dignités n'auraient pas manqué à cet humble prêtre s'il ne leur eût préféré les laborieux loisirs de sa cure de Menneval. Il n'accepta de la confiance de ses supérieurs que quelques fonctions temporaires, assez peu importantes d'ailleurs. Ainsi, on le voit, en 1633, 1640, 1641 et 1644, vérifier et approuver les comptes des trésoriers de l'église de Serquigny. En 1639, il dut surseoir à l'approbation du compte de la fabrique, comme le prouve la pièce suivante : « L'an mil
« six cent trente-neuf, le vingt sixiesme de mai, Gabriel
« Du Moulin, prestre, curé de Maneval, vicaire gé-
« néral (1) de noble et discrète personne Mre Claude de
« Nossy, chanoine et archidiacre du Lieuvin, assisté de
« notre promoteur d'office, veu par nous le présent
« compte ci-dessus et qu'il n'est pas en état pour n'être
« chargé au total des mises et recettes, nous l'avons

---

(1) Par ce titre de vicaire général de l'archidiacre, il faut entendre la délégation dont ce dignitaire investissait un ecclésiastique pour le remplacer dans la visite des églises. Les statuts synodaux de Jean Le Veneur, évêque de Lisieux, reconnaissent à l'archidiacre le droit de se faire suppléer par des vicaires, moyennant certaines conditions. (Voyez D. Bessin, *Concil. Rothom.*, p. 507.)

« renvoyé à de dimanche prochain en un mois pour être
« receu, issue de la grande messe parroissiale, présence
« des sieurs curés de ce lieu (1), du seigneur de Ser-
« quigny et des parroissiens ; ainsi arresté en la visite
« les jour et an que dessus. *Signé* Du Moulin. Dela-
« manet (2). »

Toutes ces occupations ne suffisaient pas à remplir les journées du savant curé. Se sentant un goût prononcé pour l'étude de l'histoire, il se mit à rechercher ce que les chroniqueurs du moyen-âge pouvaient lui apprendre sur son pays.

Il n'est pas téméraire de supposer que ce fut la lecture du *Recueil des historiens normands* d'André Du Chesne (3) qui révéla à Gabriel Du Moulin sa vocation d'historien. Il conçut l'idée de populariser, autant que cela se pouvait au commencement du XVIIe siècle, l'histoire de la Normandie. Le recueil de Du Chesne, écrit en latin, ne s'adressait qu'aux savants de profession ; un livre en français était abordable pour tous ceux qui savaient lire, et Gabriel Du Moulin, par son style simple et précis, sut rendre attrayants les récits des chroniqueurs des XIe et XIIe siècles. C'est là, croyons-nous, le mérite incontestable de l'*Histoire générale de Normandie* (4).

(1) La cure de Serquigny se partageait en deux portions.
(2) Archives municipales de Serquigny. Registres des comptes du trésor. (Note communiquée par M. Malbranche.)
(3) Il cite dans ses ouvrages toutes les chroniques contenues dans l'*Historiæ Normanorum scriptores*, imprimé à Paris en 1618.
(4) *Histoire générale de Normandie*, etc., par M. Gabriel Du Moulin, curé de Maneval. Rouen, 1631, in-fol.

Du Moulin s'était préparé à ce travail de longue haleine par une lecture assidue de tous les historiens qui l'avaient précédé. Outre le recueil de Du Chesne dans lequel il trouvait Dudon de Saint-Quentin, Guillaume de Jumièges, Guillaume de Poitiers, Orderic Vital, il cite encore Sigebert de Gembloux avec l'appendice par Robert de Torigni, Guillaume de Malmesbury, Henri de Huntingdon, Guillaume de Neubridge, Roger de Hoveden, Mathieu Paris, Robert Cenau (1), les *Antiquités* de M. de Bras, l'*Histoire de France* de Belleforest, l'*Histoire de Bretagne* de d'Argentré, etc. Non content d'étudier les œuvres imprimées, il consulte par lui-même les archives monastiques des environs; il cite le Cartulaire de l'abbaye de Bernay (2), la Chronique manuscrite du Bec (3) et ses précieux Cartulaires (4). Lorsqu'il se rendait à la grande abbaye fondée par Herluin, c'était donc en ami que le curé de Menneval était reçu, car on sait que les moines n'ouvraient pas à tout venant la porte de leur chartrier.

L'apparition de l'*Histoire de Normandie* fut un petit évènement dans la province. Henri d'Orléans, duc de Longueville, gouverneur de Normandie, en avait accepté la dédicace. Du Moulin débutait par un coup de maître; aussi dans le cercle de ses amis s'empressa-t-on de le

---

(1) *Hierarchia Neustriæ* et *De re Gallica.*
(2) *Histoire générale de Normandie*, p. 101.
(3) *Ibid.*, p. 113, 209, 362, 404 et 488. La Chronique du Bec fut publiée pour la première fois par d'Achery, à la suite des Œuvres de Lanfranc, en 1648.
(4) *Ibid.*, p. 560.

féliciter. Frère Jean Manceau, gardien des Cordeliers de
Bernay, Georges de Scudéry, le sieur du Plessis-Bois-
Tribout, Nicolas Le Vavasseur (1) et d'autres se mirent
en devoir de rimer et lui adressèrent, suivant la mode
du temps, des pièces de vers en latin et en français.
Voici celle du sieur de Bois-Tribout :

A Monsieur Du Moulin sur son Histoire de Normandie.

SONNET.

Ton vol, cher Du Moulin, pouvoit plus haut atteindre,
Gravant en tes escrits de ce grand univers
Les villes, les citez et les peuples divers,
Que l'Eternel créa pour le servir et craindre.

Mais, sage que tu es, tu veux sans plus nous peindre
De ton païs natal les fleuves et les mers,
Les illustres maisons et les antiques vers
Que nos doctes ayeulx ont daigné nous dépeindre.

(1) « La petite ville de Bernay donna la naissance à Nicolas Le
« Vavasseur, homme consommé dans la pratique de la musique. Après
« avoir été organiste dans l'église cathédrale de Lisieux, il vint exercer
« la même fonction dans l'église de Saint-Pierre de Caen. Il composa
« plusieurs airs qu'il fit imprimer à Caen. Il mit en musique les
« Pseaumes de David et le cantique des trois Enfans, de la traduction
« de M. Godeau. Ce dernier ouvrage fut son chef-d'œuvre, comme le
« cantique avait été celuy de ce Prélat. Il mit en usage tous les secrets
« et les rafinements de son art dans des canons qui furent imprimés
« chez Ballard. S'il céda à d'autres le prix des grâces et de l'élégance
« de la composition, il n'y en eut aucun à qui il ne put disputer le
« prix de la profondeur du savoir. Il mourut en l'année 1658, âgé de
« soixante et cinq ans. » Huet, *Origines de Caen*, p. 422.

Bref, ton livre nous fait avecques vérité
Recognoistre le plan de la moindre cité,
Et les diverses mœurs des peuples de nos villes ;

Ce qui obligera nostre postérité,
Recevant ce bonheur de toy dans leurs familles,
A exalter ton nom d'un los qu'as mérité.

L. E. Esc., sieur du Plessis Bois-Tribout.

Vingt-sept ans plus tard, en 1658, Gabriel Du Moulin publiait son second ouvrage, intitulé : *Les Conquestes et les Trophées des Norman-François* (1). C'était le complément naturel de son *Histoire de Normandie* qui s'arrêtait au commencement du XIIIe siècle. Il ne pouvait passer sous silence les hauts faits des Normands établis dans la péninsule ou guerroyant contre les infidèles, et dont les exploits rappelaient ceux de Rollon et de Guillaume-le-Conquérant.

Malgré son âge avancé, le curé de Menneval ne songeait pas encore au repos ; il voulait parfaire son *Histoire de Normandie* en la conduisant jusqu'au XVIIe siècle. Les dernières lignes de ses *Conquestes* sont inspirées par des sentiments trop nobles et trop touchants pour que nous ne les reproduisions pas. « J'ay suivy ces valeureux « Normans dans les païs estrangers pour voir et ap- « prendre leurs glorieuses actions, et les exposer aux

---

(1) « Les Conquestes et les Trophées des Norman-François aux royaumes de Naples et de Sicile, aux duchez de Calabre, d'Antioche, de Galilée et autres principautez d'Italie et d'Orient », par Messire Gabriel Du Moulin, Bernayen, curé de Maneval. Rouen, 1658, in-fol.

« yeux de leur postérité, afin de la porter à les imiter,
« à ne laisser pas énerver cette valeur qui leur est natu-
« relle, et à s'employer pour le service et le secours de
« Louis XIV, leur duc et roy des François, vrayment
« généreux et toujours triomphant, auquel les destins
« promettent les palmes de l'Idumée. Lassé de si longs
« travaux, je reviens dans la Normandie et dans la ville
« de Bernay, ma chère nourrice, pour, après quelque
« repos, reprendre la plume pour continuer l'histoire de
« Normandie (que j'ay mise au jour), depuis la réunion à
« la couronne de France jusques à présent : priant tous
« les seigneurs et ceux qui ont des manuscrits de leurs
« ayeuls, de me les adresser, avec promesse de rendre
« à un chacun la gloire qu'il mérite (1). »

Gabriel Du Moulin ne put réaliser son projet, et la mort le surprit, peut-être la plume à la main, au milieu des matériaux qu'il recueillait, avec une ardeur infatigable depuis près d'un demi-siècle, sur sa ville natale et sur la Normandie. Que sont devenus ces précieux documents puisés à des sources sérieuses, et dont quelques-unes, comme le Cartulaire de l'abbaye de Bernay, ont disparu ? Tout a été dispersé, sinon anéanti ; et jusqu'ici, à notre connaissance du moins, aucun des manuscrits historiques de Gabriel Du Moulin n'a été retrouvé.

Le petit traité théologique que nous avons découvert à la Bibliothèque Nationale, porte le n° 19,368 du fonds français. Il provient de St-Germain-des-Prés, auquel il appartenait dès la fin du XVIIe siècle, puisque Montfaucon l'a inscrit dans le catalogue des manuscrits de

---

(1) « Les Conquestes et les Trophées, etc., » p. 456.

cette bibliothèque sous le n° 914 (1). Ce manuscrit, qui paraît autographe, forme un petit in-quarto de 68 feuillets, relié en parchemin. Immédiatement après le titre : « La curiosité sainte envers la mère de Dieu », commence le traité proprement dit qui se partage en vingt-deux chapitres. Le nom de l'auteur n'apparaît ni au commencement ni à la fin du livre, mais l'approbation suivante, donnée à l'ouvrage en 1654, ne laisse aucun doute sur l'attribution que nous en faisons. « Nous soubssignez,
« docteurs en théologie, certifions avoir veu et leu ce
« livre intitulé : « *La saincte curiosité des personnes dévotes*
« *à la mère de Dieu*, composé par M. Gabriel Du Moulin,
« prebtre, curé de Maneval, auquel nous n'avons rien
« trouvé contraire à la foy Catholique, Apostolique et
« Romaine, ains rempli d'instruction (*sic*) pieuses et
« dévotes, suffisant de rendre la mémoire de l'autheur
« recommandable à la postérité. Faict à Bernay, ce
« 12 feburier 1654. Signé : fr. Jean Bécachet, gardien
« des pères cordeliers. Frère Jean Aubourg (2). »

Nous ne savons comment le manuscrit de la *Curiosité*

---

(1) *Bibliotheca bibliothecarum manuscript*, II, 1140.

(2) Cette approbation se trouve sur une petite feuille que l'on a collée à la première page du manuscrit. On ne rencontre dans le « Traité de « curiosité sainte » aucune allusion à la vie, aux travaux, au caractère de l'auteur, qui s'est complètement effacé devant son sujet. Au commencement du vingt-deuxième et dernier chapitre, il cite l'ouvrage de son compatriote Bonaventure Brochart, sur son Pèlerinage en Terre-Sainte. Voyez : Brochart Bonaventure, de l'ordre des frères mineurs du couvent de Bernay, Voyage de Jérusalem et du Mont-Sinaï, fait avec Greffin Arfagart, seigneur de Courteilles, en 1533. Bibl. Nat., ms. français 5642.

sainte est parvenu jusqu'à St-Germain-des-Prés. Gabriel Du Moulin était-il en relation épistolaire avec quelque bénédictin de ce monastère ? Nous l'avions pensé tout d'abord, mais nos recherches dans la volumineuse correspondance bénédictine conservée à la Bibliothèque Nationale ne nous ont fait jusqu'ici découvrir aucune lettre de Du Moulin. Son manuscrit, revêtu de l'approbation, fut-il confié à un religieux de la Congrégation de St-Maur, pour être imprimé à Paris, et resta-t-il, pour des motifs ignorés, déposé dans leur bibliothèque ? C'est ce qu'il nous paraît bien difficile de déterminer. Bien que la Bibliothèque Nationale, celles de Rouen, d'Évreux, d'Alençon, ne renferment pas de manuscrits du curé de Menneval, nous voulons espérer qu'un autre chercheur sera plus heureux que nous, et dirigera ses investigations vers des bibliothèques publiques ou privées, auxquelles nous n'avons pas songé, et qui cachent peut-être sous leur poussière quelque ouvrage inédit du savant Bernayen.

Le style de Gabriel Du Moulin a une allure dégagée, une saveur particulière qui nous disent quelque chose du caractère de l'écrivain (1). Le style est l'homme même,

---

(1) Il s'est trouvé pourtant un détracteur de notre historien, qui s'est efforcé de ridiculiser son œuvre, parce que quelques taches en déparaient le style. Ce malencontreux critique, c'est Masson Saint-Amand, l'auteur des Essais historiques et anecdotiques sur le comté d'Évreux. Lorsqu'on lit ces volumes, si tant est qu'on les lise encore, on se demande comment l'écrivain a pu croire que l'on prendrait au sérieux sa compilation prétentieuse, agrémentée de galanteries fades à l'égard des femmes, d'insinuations perfides à l'endroit des moines,

a-t-on dit. Quand on lit les ouvrages du curé de Menneval, on sent à chaque page que l'esprit sain et vigoureux de l'auteur ne pouvait adopter ces tournures recherchées, ces ornements littéraires du goût le plus faux que les écrivains de métier empruntaient alors aux prosateurs et aux poëtes d'Espagne et d'Italie. Le discours préliminaire de l'*Histoire de Normandie* est un petit chef-d'œuvre, non de méthode, mais de bon sens. On retrouve à chaque ligne l'esprit d'observation, la critique fine et bienveillante des hommes et des choses, l'amour du sol natal, cette noble passion des Normands.

Ses remarques sur les défauts et les qualités de ses compatriotes méritent d'être citées : « Les Normands « sont naturellement d'un esprit subtil et doué de pru- « dence. Aussi, à la vérité, ne sont-ils pas si aisez à « séduire qu'ils croyent chacun qui leur parle, et ainsi « très-difficilement les déçoit-on, et ne se laissent sans y « penser envelopper et empiéger dans des affaires et « entreprises de quelque conséquence qu'ils puissent « estre. Que s'ils ont des ombrages et prennent quelque « caprice, ils deviennent soupçonneux et s'obstinent en « leurs fantasies. De là vient que les François les ac- « cusent d'estre sçavans au possible en matière de » procez, et cognoistre parfaitement tous les destours, « toutes les ruses et surprises que la chiquanerie peut « inventer. . . . . . . Ceste créance, néanmoins, donne « sujet à beaucoup d'estrangers de n'oser s'associer

---

d'attaques dédaigneuses contre le moyen-age, et où s'étale une érudition de troisième main qui eût fait sourire Gabriel Du Moulin lui-même.

« avec les Normands qui vivent selon leurs loix et
« coustumes, lesquelles ils deffendent avec leur vie.
« Quelques-uns leur reprochent aussi la liberté de se
« dédire de leurs offres quand ils traffiquent, et quel-
« quefois de leurs promesses; ce qui ne se rencontre
« que parmy la lie du peuple et non entre les personnes
« relevées et de mérite qui maintiennent leur parole
« aussi bien que les meilleurs peuples de l'univers (1).
« .... Outre la vaillance, la gentillesse et la cour-
« toisie est tellement née avec les gentilshommes nor-
« mands que c'est comme un prodige d'en voir un mal
« gracieux et peu civil. Je veux bien que ceux qui ont
« esté eslevez dans le grand monde de la cour de France
« ou y. ont fait leur demeure quelque partie de l'année,
« accompagnans le Roy en ses chasses et cavalcades,
« soient un peu plus polis que ceux qui demeurent aux
« champs; toutefois, il s'en trouve partout de si bien
« nais que, sans avoir pratiqué la cour, ils ne doivent
« rien à la gentillesse de ceux qui la fréquentent, et cela
« vient des visites, assez communes en ce pays, et des
« bonnes compagnies où ceux qui font leur profit des
« choses qu'ils voyent se peuvent dresser, veu que partout
« on rencontre quelqu'un lequel ayant veu la cour sçait
« bien son monde et sert d'exemple aux actions des
« autres qui n'ont point eu ce bonheur (2). »

Les usages domestiques des familles rurales n'ont pas
non plus manqué d'attirer l'attention de notre historien;
il les décrit en quelques lignes d'une bonhomie char-

---

(1) *Hist. générale de Norm.*, Disc. prélim., p. 20.
(2) *Ibid.*, p. 19.

mante : « Le vivre des Normands dans leur ordinaire est
« assez eschars et modeste ; ils se traitent toutefois assez
« bien. Les visites chez la noblesse sont ordinaires, et
« leurs repas alors sont comme des festins. Leur boire
« plus commun est le sidre, et le poiré pour la popu-
« lace. Les femmes pour la plupart, au moins les nobles,
« n'y boivent que du petit sidre ou quelquefois du gros
« bien trempé. Le vin ne laisse pas d'estre commun dans
« les bonnes maisons. Aux festes des parroisses, au
« carneval et autres occasions, comme aux nopces,
« baptesmes des enfans, relevées de couches et don du
« pain bénit, les Normands font ordinairement des
« festins, et y invitans tous leurs parens et amis font
« grande chère. Il est bien vrai que la misère du temps
« et les grands subsides dont le peuple est chargé en
« rabatent maintenant beaucoup du passé (1). »

C'est avec enthousiasme qu'il parle de sa chère ville
natale, « ville bastie du temps de nos premiers ducs et
« embellie de temples aussi bien décorez qu'on en puisse
« voir dans la France (2). » Ici le langage du bon curé
devient hyperbolique, et l'on se demande comment les
cathédrales de Lisieux, d'Évreux et de Rouen, qu'il avait
dû voir, ne lui ont pas paru mériter d'être mises sur un
tout autre rang que les églises de Bernay.

Les productions du sol normand sont énumérées avec
une complaisance qui n'omet aucun détail (3) ; mais il
en est une dont, en bon Normand, il ne se lasse pas de

(1) *Hist. gén. de Norm.*, Disc. prélim., p. 21.
(2) *Ibid.*, p. 14.
(3) *Ibid.*, p. 6 et 10 et passim.

vanter les qualités. On rencontre, dit-il, toutes sortes de fruits, « et surtout les pommes et les poires desquelles « on fait par tout le pays le poiré et le sidre, breuvages « si excellents et profitables à la santé, que maintenant « dans les plus grands festins des seigneurs françois et des « Parisiens mesme, on laisse le vin pour en boire (1). »

En citant les industries locales qui s'exerçaient alors dans la Normandie centrale, comme le tissage des frocs (2) et de la toile (3), les forges de fer (4), l'établissement par les Flamands, près de Montfort-sur-Risle, de moulins à moudre l'azur (5), Du Moulin prend soin d'ajouter : « On « fait des verres de toutes sortes dans la forêt de Lyons « et près de St-Lo, de la poterie en beaucoup de lieux, « et à Manerbe près de Lisieux des vaisselles de terre qui « ne cèdent en beauté et artifice à celles qu'on nous ap- « porte de Venise (6). » C'est là peut-être le plus ancien

---

(1) *Hist. gén. de Norm.*, Disc. prélim., p. 6. — Voyez encore, 2 à 5 et 8.

(2) *Ibid.*, p. 8.

(3) *Ibid.*, p. 3.

(4) *Ibid.*, p. 3 et 9.

(5) « Ces dernières années, des Flamands se sont habituez avec une « fort grande despense sur la rivière de Risle, près Montfort et ont « basty des moulins pour moudre de l'azur ; si la mine où il se trouve « n'estoit plus éloignée que le lieu qu'on se propose, ce serait une des « plus grandes richesses de la France, et si, comme ils asseurent, ils vont « quérir l'azur en pays estranger, ie m'estonne que celuy de Flandres « et d'Artois ne leur a fourny des rivières aussi bonnes et fortes que « Risle, pour faire tourner des moulins et machines pareilles à celles « qu'ils nous font voir. » *Ibid.*, p. 9.

(6) *Ibid.*, p. 10.

témoignage de la vogue qu'eurent aux XVIe et XVIIe siècles les poteries de Manerbe et du Prédauge que Du Moulin compare bravement aux majoliques italiennes. Le curé de Menneval était homme de goût. Les épis ou étocs que l'on conserve maintenant dans les musées sont une preuve de l'habileté des potiers lexoviens, et il faut définitivement restituer à cette industrie normande les plats ornés de figures et de scènes en très bas relief, d'un vernis brun, vert, violet et bleu foncé, que l'on rencontre dans notre province et que l'on a attribués à tort à Bernard Palissy. La fabrication des épis en terre cuite vernissée exigeait une pratique non moins habile et souvent un talent de dessinateur non moins délicat que beaucoup de plats sortis de l'atelier du potier saintongeois. Pourquoi refuserait-on aux artistes lexoviens du XVIe et XVIIe siècle le mérite de s'être inspirés des traditions de Palissy et d'avoir produit un grand nombre d'œuvres empreintes d'un talent ingénieux et original (1) ?

(1) M. Raymond Bordeaux avait déjà émis cette opinion. Voyez Séance générale de la Société française d'archéologie tenue à Bernay en 1848, p. 91. *Le Théâtre du Monde*, par Guillaume Blaeu, Amsterdam, 1650, connu sous le nom de Géographie blavienne, signale à Manerbe une fabrique de vases ornés et de poteries artistiques aux XVIe et XVIIe siècles. Voyez encore un article de M. Pannier sur l'Exposition rétrospective à Lisieux en 1870 (Congrès archéologique de France, 37e session, p. 346) dans laquelle est rappelée l'opinion du savant céramiste rouennais, André Pottier : « Tout plat décoré dans
« le genre de Palissy, fût-il digne par sa finesse et sa réussite de pas-
« ser pour une des œuvres excellentes de ce maître, s'il a été ren-
« contré dans notre pays avant tout déplacement, doit être suspect au
« premier chef d'être un produit de la fabrique lexovienne. » Qu'on nous permette, à ce sujet, une simple réflexion : les faïences de Rouen,

Ce nous eût été une vraie jouissance de pouvoir pénétrer plus avant dans la vie intime de Du Moulin, de rencontrer dans les écrits de ses contemporains quelques-uns de ces souvenirs personnels si précieux aux biographes, ou bien encore de découvrir de ses lettres. Dans ces pages d'un style moins soigné, plus spontané, on trouve l'homme, non tel qu'il se montre, mais tel qu'il est. Nous devons avouer que nous n'avons pas eu cette bonne fortune, et pour ne pas retracer de Du Moulin un portrait imaginaire, nous sommes obligé de rassembler quelques traits épars, qui sont bien les siens, mais qui ne peuvent rendre sa physionomie tout entière.

Cet écrivain, qui passa une partie de sa vie courbé sur ses livres, aima-t-il les livres non-seulement comme travailleur, mais aussi en connaisseur? Nous inclinons à le penser en le voyant détacher de sa collection un manuscrit précieux dont il fit présent, en 1632, à Jean Bigot, seigneur de Somménil, le fondateur de la célèbre *Bibliotheca Bigotiana*. Sur le dernier feuillet de ce volume conservé aujourd'hui à la Bibliothèque Nationale, sous le n° 4192 B. du fonds latin, on lit : « M. Gabriel Du Mou-
« lin, prebtre, maistre aus arts et curé de Maneval-lez-
« Bernay, m'a donné au sieur Bigot, sieur de Sommenil,
« conseiller du roy en sa court des aydes de Norman-
« die, 1632 (1). » La bibliothèque de Jean Bigot se com-
« posait de plus de six mille volumes, entre lesquels, dit

---

de Nevers, de Moustiers, de Delft ont leur histoire ; on se demande comment, seule de toutes les grandes fabrications de faïences artistiques, la poterie du Prédauge et de Manerbe n'ait pas encore la sienne.

(1) Voyez L. Delisle, *Bibliotheca Bigotiana*. Rouen, 1877, p. 51. Le

« le P. Louis Jacob, il y a plus de cinq cents manuscrits très
« bons et bien rares, lesquels il communique facilement
« à ceux qui ont besoin pour le public, en quoi il sera
« à jamais louable (1). » Du Moulin, qui était l'un des
savants à qui Bigot prêtait ses manuscrits (2) voulut lui
offrir un témoignage de sa reconnaissance, et l'on voit que
ce magistrat s'empressa de placer dans sa bibliothèque
le volume qu'il tenait de son ami.

Il y a dans l'*Histoire générale de Normandie* un ravissant passage qui jette quelque jour sur les relations d'amitié qu'entretenait le curé de Menneval avec quelques hommes de science et de piété du voisinage. Robert, comte de Meulan, dit Gabriel Du Moulin, fonda un prieuré de l'ordre de St-Benoist à Beaumont-le-Roger,
« et l'autre des bonshommes de l'ordre de St-Etienne-de-
« Grandmont (près son château de la Lune, ores entière-
« ment ruiné, et à la sortie de la forest); ce lieu est le
« vray séjour de la piété, les délices du désert, et un
« petit avant-jeu du paradis, puisque les religieux y vi-
« vent selon la reigle de leur bon père, et apprennent à
« ceux qui les visitent que leurs actions ne sont avancées
« et animées que par celui qui voit tout et qui seul les
« regarde dans ceste douce solitude, où le voyant des
« yeux de l'âme, ils luy parlent de la langue du cœur.
« La griffe impieuse et sacrilège des commendataires ne

---

manuscrit de la Chronologie rouennaise, insérée à la suite des *Conquestes*, appartenait à la bibliothèque de Du Moulin, comme l'indiquent les mots qui terminent cette Chronologie : « Explicit, prodiit ex « Bibliotheca Gabrielis Du Moulin Parochi Manevalensis. »

(1) *Traité des plus belles Bibliothèques*, p. 681.
(2) Voyez les *Conquestes et Trophées*, etc., p. 488.

« les pourra désormais inquiéter, car Dom Pierre
« d'Achey (1), sorty de la maison de Serquigny de long-
« temps alliée à celle de Harcourt, de Mauvoisin, de
« Havoise, de Dreux, de Tournebus et des Pigaces, main-
« tenant prieur, lui a fermé pour jamais la porte, pre-
« nant l'habit de S. Estienne et vivant selon la reigle
« comme le plus petit des religieux qui se tiennent aussi
« heureux de vivre sous son obéïssance, qu'il craint de
« manquer à son devoir (2). »

Le bon Gabriel Du Moulin laisse clairement entendre ce qu'il ne dit pas. S'il admire si fort la piété douce des religieux du Châtel-la-Lune, cette fleur de solitude qui répand son parfum à l'ombre de l'antique forêt, c'est qu'il a de vrais amis dans les moines de Grandmont et dans leur prieur dom d'Achey, avec lequel il se plaisait sans doute à s'entretenir des vérités éternelles, loin des bruits du monde, dans ce coin retiré de la forêt, solitude profonde et inaccessible à d'autres qu'aux amis de la retraite et du silence.

On ignore en quelle année mourut le curé de Menneval. Les documents qui auraient pu nous l'apprendre n'exis-

---

(1) Au XVe siècle, Jean d'Aché, seigneur de Serquigny, de Beuseval et de Beaumesnil, épousa Louise de Dreux, fille de Gauvain de Dreux, seigneur de Louye. Cette famille conserva la seigneurie de Serquigny jusqu'au milieu du XVIIe siècle. D'Aché portait chevronné d'or et de gueules. Le prieur Pierre d'Aché, dont parle Du Moulin, obtint en 1615, permission de vendre des chênes et baliveaux des bois de son prieuré jusqu'à 800 livres pour racquit de 60 livres de rente au denier dix envers le receveur des deniers. — Charpillon et Caresme, *Dict. hist. de l'Eure*, II, 619.

(2) *Hist. gén. de Norm.*, p. 304.

tent plus (1). Toutefois, ce fut vers 1662 qu'il dut mourir dans un âge avancé.

Au-dessus de la porte de l'ancienne sacristie que Du Moulin avait fait construire, on lit l'inscription suivante gravée dans le bois du linteau :

GABRIEL DVMOVLIN CVRE DE SE LIEV A FAIT FAIRE
A LAN 1661.

C'est le seul témoignage de la présence du curé qui pen-

---

(1) Les registres des baptêmes, mariages et inhumations de la paroisse de Menneval ne remontent qu'à l'année 1664. On rencontre dans ces registres, aujourd'hui conservés à la mairie de Menneval, plusieurs membres d'une famille Du Moulin qui est peut-être celle du curé : 1° Gabriel Du Moulin, marié à Michelle Pellecard, mort le 24 juin 1693. C'est peut-être le filleul que Du Moulin tint, sur les fonts baptismaux de la Couture, le 15 février 1642 ; 2° Anne Du Moulin, femme de Jean Rothoure ; 3° Françoise Du Moulin, femme de Jean-Louis de Malleville, seigneur de Durcœur et de Toussue. Les registres de Notre-Dame-de-la-Couture indiquent comme sœurs de Gabriel, le filleul du curé, Anne Du Moulin, née le 19 novembre 1634, et Françoise Du Moulin, née le 19 janvier 1640 ; 4° Catherine Du Moulin ; 5° Marie Du Moulin, femme de Jean Dubois. Tous ces noms se rencontrent dans les registres de Menneval entre les années 1672 et 1693. Il n'y aurait rien d'étonnant que Gabriel Du Moulin ait cherché et réussi à établir ses petits-neveux et petites-nièces dans sa paroisse, où il possédait quelque bien et où il jouissait de l'estime de tous. Voici un document qui prouve que Du Moulin était propriétaire de quatre vergées de pré dans la vallée de la Charentonne. L'Inventaire des titres de la Baronnie de Bernay, relatifs à la prévôté de Fontaine-l'Abbé, nous apprend que Gabriel Du Moulin possédait quatre vergées de pré sises dans la vavassorie de la Malaisière. Le n° 691 de cet inventaire est un aveu du 28 septembre 1629, rendu par Philippe, Louis et Pierre de

dant près de cinquante ans pria, prêcha, célébra la sainte
messe dans son humble église (1). Au milieu du XVII˚

Garancières, tous frères et aînés possédant le chef, tenus à faire l'assemblement de la vavassorie de la Malaisière qui est une pièce de pré contenant 9.ª, B. D. C. la rivière à eux fieffée par Messieurs, D. C. leur seigneurie de Courcelles, D. B. les communs de Fontaine, et D. B. les hoirs de Guillaume Deschamps.

Puinés.

. . . .

8º Messire Gabriel Du Moulin, prestre, curé de Maneval pour 1.ᵛ au lieu de Guillaume Beaudouin, B. D. C. Laurent Chanoine, D. C. la Ruelle servant à la vuide des prés des dits vavasseurs, D. B. la rivière de Plasnes, et D. B. soy-mesme.

. . . .

12º Le dit Messire Gabriel Du Moulin, prestre, curé de Maneval, pour 3.ᵛ au lieu de Guillaume Beaudouin, B. D. C. et D. B. les dits vavasseurs, D. C. plusieurs, et D. B. la Ruelle.

. . . .

(*Note communiquée par M. Malbranche*).

(1) On voit dans le transept méridional de l'église de Menneval un assez bon tableau représentant la Résurrection et signé : *G. RUGUÉ.* 1652. *pingebat.* A droite, dans la partie inférieure, se trouve le blason du donateur, André de Mainteternes, le seigneur de Menneval et l'ami de Gabriel Du Moulin. Cet écusson, supporté par deux licornes et timbré d'un casque taré de front, porte au 1ᵉʳ d'or à 3 losanges de sable ; au 4ᵉ de gueules à 3 coquilles d'or, 2 et 1 surmontées d'une étoile de même ; au 2ᵉ d'or à la fleur de lys d'azur ; au 3ᵉ de sable à la fasce d'or accompagnée de 3 molettes d'or, 2 en chef et 1 en pointe ; sur le tout d'argent au mortier de sable dans lequel est un pilon d'or posé sur un feu ardent de gueules, qui est de Mainteternes. Le tableau de l'ancien maître-autel, aujourd'hui relégué au bas de l'église, représente une Nativité de Notre-Seigneur, d'assez beau style. C'est encore une œuvre de Rugué. Le fronton de l'autel encadrait une petite Annoncia-

siècle, la mode des vitres blanches était déjà répandue en Normandie comme ailleurs. C'est peut-être à cette dégénérescence d'un grand art religieux que nous devons de ne point posséder un portrait du curé de Menneval. Moins d'un siècle plus tôt, Gabriel Du Moulin aurait eu la pensée de doter son église de quelque verrière peinte, et se serait fait pourtraire au bas de son vitrail. Quel précieux document, quel souvenir sans égal, c'eût été pour la postérité ! Malheureusement les verriers du XVIIe siècle ne peignaient plus de personnages, et Du Moulin, qui se serait laissé volontiers représenter dans son église, à genoux devant son saint patron, ne songea probablement jamais à faire exécuter sur toile son portrait que l'on couvrirait d'or aujourd'hui.

Nous avons essayé, dans cette notice, de faire ressortir les grandes lignes de la vie de Gabriel Du Moulin. Nous avons montré quels résultats pouvait donner le travail intelligent et tenace. C'est d'un modeste presbytère de village que sont sortis deux grands ouvrages historiques sur la Normandie, des premiers en date, et non les derniers en valeur. Oui, c'est bien là le vrai mérite, la gloire

---

tion, et les rampants étaient formés de deux figures d'enfants nus, peints sur bois, portant des fruits ; l'un d'eux mange de grand appétit une grappe de raisin noir. Les armoiries qui se trouvaient à gauche du tableau ont été recouvertes d'une épaisse couche de peinture brune. Parmi les autres pièces de mobilier que nous avons remarquées dans l'église, et qui paraissent contemporaines de Gabriel Du Moulin, on peut signaler un dais en tapisserie de soie flammée porté par quatre bâtons cannelés ; de longs bancs en chêne avec dossier et accoudoirs ornés de quelques moulures ; la balustrade en bois tourné de la chapelle du transept méridional.

incontestable du curé de Menneval. Avant un grand nombre d'écrivains et beaucoup mieux qu'eux, Du Moulin a compris le charme, la grandeur, les nobles enseignements qui se dégagent de nos annales, et ses convictions généreuses ont fait de lui un historien de sa chère Normandie. Il a défriché un sol encore inculte ; il a, d'une main vaillante, ouvert le sillon qui devait plus tard se couvrir de riches moissons. A deux siècles de là, un autre bernayen est venu qui a repris la plume, élargi le champ des découvertes, appliqué à l'étude de l'histoire une méthode à la fois savante et pratique, et fixé définitivement les bases de l'histoire de nos communes de l'Eure. Ce savant, que l'on peut comparer à Du Moulin pour la précision du style, la bonhomie du caractère, la probité du talent, saluons-le avec respect, et, unissant son nom à celui de son devancier, entourons de nos hommages et de notre reconnaissance nos deux grands historiens :

Gabriel Du Moulin. — Auguste Le Prevost.

www.ingramcontent.com/pod-product-compliance
Lightning Source LLC
Chambersburg PA
CBHW060927050426
42453CB00010B/1885